AF252684

JEAN PARCELLIER

A SA FAMILLE

ET A LA FAMILLE PÉROT.

La reconnaissance est pour les ingrats un fardeau dont ils désirent toujours se débarrasser ; et, de tous les moyens qu'ils préfèrent pour y parvenir, la calomnie est celui qui leur convient le mieux : mais elle ne prévaudra pas sur ma réputation ; une vie honorable, employée constamment à des actes et à des procédés généreux, me met à l'abri de ses coups.

Le malheur rend par fois injuste : c'est une vérité constante ; aussi entrerai-je dans quelques détails moins pour faire mon apologie ou établir ma justification, que pour prouver combien grande est l'erreur, pour ne pas dire la méchanceté de mes détracteurs.

Le mécontentement de la famille Pérot paraît avoir été excité par une lettre que j'ai écrite à mon filleul.

Après lui avoir servi de père, ainsi qu'à toute la famille, je croyais avoir acquis le droit de lui faire sentir son peu d'égard et de respect envers moi : on peut donner de la publicité à ma lettre; ce résultat n'allégera point cette famille, et lui surtout, du poids de l'ingratitude, et je le prouve.

Louis Pérot a épousé, en août 1790, Mademoiselle Lucie-Françoise Audebert. Le jour même de son mariage, sa femme l'a mis en possession d'une maison en valeur de 20 à 24,000 fr., de 28 à 30 arpens de terre, consistant en vignes et prés, et de la moitié d'un mobilier estimé par experts à 25,000 fr.

Pour contre-balancer cette dot, le jeune marié n'avait que sa personne.

L'autre moitié de ce mobilier appartenait à la mère de sa femme.

Cette belle-mère, qui était mon épouse, lui a encore donné des meubles pour 4,000 fr. sur la moitié qui lui appartenait, en ne se conservant qu'un mobilier en valeur de 8,000 fr., sur lequel enfin elle a fait pour son usage un prélèvement de 1,200 fr., en abandonnant le surplus de 6,800 fr. aux jeunes mariés contre une rente.

Cette rente a-t-elle été payée?

Le 18 novembre 1807, M. Louis Pérot m'apprend qu'il est dans la gêne; il ne fit que me confirmer une vérité que déjà je connoissais, puisqu'avant cette époque, je lui avais conseillé de s'adresser à son père qui passait pour riche;

(3)

mais Louis Pérot me répondit qu'une semblable demande était impossible, parce qu'il le supposait dans des embarras absolument analogues aux siens.

En 1812, et pour se soustraire à l'action de la justice, par suite de ses engagemens, Louis Pérot abandonna ses cinq enfans : Victor, Lucie, Virginie, Amélie, Sophie et sa femme enceinte de Julie. Je ne parlerai pas de ses deux autres garçons, Charles et Jean-Louis ; ils étaient chez moi, quai des Grands-Augustins, n°. 35.

Dès son berceau, le premier, objet de mes affections et de mes regrets a été élevé par mes soins ; je lui ai fait donner une éducation analogue à celle que j'aurais procurée à mon fils.

Un accident affreux m'a privé de ce jeune Charles à l'âge de 18 ans 9 mois ; il périt malheureusement dans un puits, rue Pavée Saint-André-des-Arcs, n. 13, le 21 novembre 1815, à 7 heures et demie du matin.

Le second, Jean-Louis Pérot, mon filleul, apprenait l'état de limonadier que dès-lors il a exercé, place du Palais-Royal, café Diligent.

Le 14 novembre 1812, Madame Pérot, née Audebert, me fait part de la position difficile où elle se trouvait à cause des engagemens de son mari ; elle m'avoua qu'on était venu pour saisir chez elle, mais qu'au moyen de quelqu'argent donné aux huissiers, elle avait obtenu un répit de huit jours.

Telle était la situation où se trouvait cette mère infortunée avec ses cinq enfans, lorsque je me rendis auprès d'elle à son invitation.

Je fis vendre de suite à M. Gouge, rue des Vieux-Augustins, n. 13, contre ses billets, les chevaux qui conduisaient les fourgons accélérés. Cette valeur cependant était bien réellement le gage des créanciers, je ne l'ignorais pas; mais devais-je m'arrêter à cette considération, lorsqu'il s'agissait des intérêts de ma belle-fille ?

Après cette vente, nous nous transportâmes de suite chez M.ᵉ Ansillon, avoué à Fontainebleau. Les momens étaient précieux, puisque le lendemain était le jour que devaient recommencer les poursuites.

J'avais eu soin de me munir de mon titre obligatoire du 13 novembre 1806; et, quand M.ᵉ Ansillon en eut pris connaissance, il nous dit que le seul moyen de conserver quelque ressource à madame Pérot, était de faire faire la saisie en mon nom, et de la faire séparer de biens d'avec son mari, s'il en était encore temps : à cet effet, il recommanda à l'huissier, qui se rendit à Souppes avec cette dame, de fermer les yeux, et de ne commencer son opération que le lendemain de son arrivée.

Cela fut fait ainsi, et madame Pérot eut tout le temps, pendant la nuit, de faire enlever tout ce qu'elle a voulu.

Si elle a conservé son linge et une grande partie de son

mobilier, à qui en a-t-elle obligation ? Certes, il n'est pas difficile de le diviner, si l'on considère surtout qu'elle n'aurait pas eu la même facilité au cas où la saisie eut été faite à la requête des autres créanciers : elle n'eut rien pu emporter, et se serait trouvée dénuée de tout ainsi que ses petits enfans.

Ce qui est resté du mobilier et des immeubles a été vendu.

Le produit de ces ventes n'a pu suffire pour désintéresser tous les créanciers.

La séparation de biens a eu lieu ; elle m'a coûté 519 fr. que je n'ai jamais réclamés, et qui cependant me sont bien dûs.

Dans cet état de choses , il fallait pourvoir à un logement. Je pris à bail , pour madame Pérot , en mon nom , l'ancien bureau de la barrière de Souppes, avec son petit jardin et ses dépendances, par sous seing-privé passé , le 11 décembre 1813 , entre M. Chaseguay fils et moi. Là , au moins, chez moi , devenue ma locataire, elle pouvait espérer la tranquillité, n'ayant plus d'huissiers à craindre.

Quoiqu'elle n'eût pas profité de cette disposition bienveillante et des sacrifices en résultant, il n'en est pas moins vrai que je l'ai fait entièrement dans l'intérêt de madame Pérot, pour lui être utile , et lui procurer sa tranquillité.

Devenu acquéreur de la maison de Souppes qu'elle occupait, je l'ai engagée à ne pas la quitter; et, bien que sa position ne fût pas améliorée, puisqu'elle avait contracté des engagemens onéreux, à la prière de son mari, au moins pouvait-elle espérer de vivre tranquille avec ses enfans *chez moi* à Souppes.

J'en appelle à madame Pérot, ma cousine; je la prie de déclarer si je lui ai jamais demandé un loyer, ou si je l'ai menacée d'un congé. A la vérité, lors de l'entrée des troupes alliées, elle a été obligée de quitter deux fois cette habitation : mais cette circonstance ne détruit pas le mérite de mes intentions.

Pendant que j'agissais en bon père de famille, en bon parent, où était M. Pérot son mari? sa sûreté personnelle l'obligeait à se cacher, s'inquiétant probablement peu de sa femme et de ses enfans : il savait d'ailleurs que je ne les abandonnerais pas.

Après le départ de ma cousine, les Cosaques dévastèrent ma maison; ils y établirent leur corps-de-garde; et, lorsqu'ils se retirèrent, tout était abîmé.

Madame Pérot a loué à M. Cardinal, percepteur; et, pendant l'espace de quinze à seize mois que j'en ai conservé la propriété, je n'ai reçu aucun revenu ni aucun loyer : j'ignore s'il les a payés à ma cousine; dans ce cas, je m'en applaudis.

Ce que j'ai pu obtenir, non sans peine, c'est la décharge

de quelques contributions: cette compensation n'a pu me couvrir des avances et des non-valeurs que j'ai faites et supportées dans l'intérêt de la famille Pérot.

Après tous ces désastres, ma cousine est arrivée à Paris avec ses six enfans. J'ai encore dû, dans cette circonstance, faire de nouvelles démarches pour lui procurer un établissement. Je lui ai fait obtenir une permission de tenir un garni rue Tirechappe : malheureusement cette entreprise n'a pas réussi ; et, malgré les qualités de ma cousine, qui est si bonne mère, autant laborieuse que son mari est insouciant, il a fallu abandonner ce petit établissement.

Ne sachant que devenir, elle est venue prier sa mère de lui donner chez elle la place de portière.

Mon épouse, indignée de la position affreuse dans laquelle les fautes de son gendre avaient plongé sa fille, connaissant d'ailleurs le caractère hautain et orgueilleux de cet homme, ne voulait point le recevoir, parce qu'il était l'auteur de la ruine de sa fille.

C'est moi, c'est encore moi qui intercédai pour eux. Je vainquis la répugnance de mon épouse : ils furent admis chez moi comme portiers : à peine en avaient-ils le nom ; et, sous ce rapport, leur délicatesse n'a jamais eu à en souffrir.

Mes attentions furent prodiguées aux petits enfans. Les mettre à l'école chez les dames *Boublet*, leur faire appren-

dre à lire, à écrire ; donner aux deux aînées un maître de
danse, de l'étoffe pour des robes ; revêtir leur père de mes
habits, et ne leur avoir jamais laissé manquer du nécessaire pendant six ans qu'ils ont demeuré chez moi, tout cela
n'est pas le fait d'un homme indifférent ni d'un mauvais
parent.

A la vérité, M. Pérot père pouvait ne pas y être très-
bien, étant obligé de modérér ses vivacités, et ne pouvant
plus rien dissiper. Son indolence m'était connue ; le net-
toyage d'une paire de souliers blessait son orgueil : une
lettre à porter lui déplaisait moins qu'un paquet de 10 livres, parce que l'un était ostensible, et l'autre non.

Je lui procurai de l'occupation chez mon voisin M. *Acloque
de Saint-André*, alors marchand-fabricant de vinaigre.
Il gagnait là 2 fr. par jour à rincer et mettre en bouteille. Il
se dégoûta bientôt, et demanda cinq sous de plus par jour :
il n'ignorait pas qu'ils lui seraient refusés ; c'était un pré-
texte pour se faire renvoyer. Sa femme travaillait comme
une esclave ; elle faisait seize et dix-sept chambres par jour.
Sa mère lui donnait 15 fr. par mois, et lui procurait quelques autres avantages : tout cela parut suffisant à M. Pérot
pour vivre sans rien faire.

Tel est le tableau que mon épouse et moi avions constamment sous les yeux.

Par suite d'une liquidation faite par devant Me Chambette, notaire, place des Victoires, je me suis reconnu débiteur à ma cousine de cinq billets de 2,000 fr. chacun, portant intérêts à 5 pour cent, pour le remboursement desquels j'avais un délai de cinq ans. A la fin de décembre 1824, j'en ai remboursé un, de sorte qu'il n'en restait plus que quatre à payer.

La contexture de ces billets, leur longue échéance en empêchaient la négociation. Cependant ce capital de 8,000 f. devenait nécessaire à l'établissement de mon filleul. On m'en parle, on me démontre la nécessité de réaliser ces valeurs; on m'en prie. Je ne résiste pas, parce que je n'ai jamais composé avec le plaisir d'obliger.

Ne pouvant escompter moi-même mes effets à une si longue échéance, j'ai emprunté ce même capital à un intérêt en dehors de 6 et 6 et demi pour cent; j'ai fait mes effets remboursables à six mois et à un an. Une partie est déjà soldée; et s'il arrivait que je ne pusse rembourser l'autre partie qui échéoit dans deux et dans quatre mois, je serais obligé de demander un nouveau délai qui ne me serait accordé qu'à des conditions beaucoup plus onéreuses.

Facilement on concevra que cet acte de complaisance et de bonté inouïes ne m'ait obligé à de grands sacrifices. D'une part, j'avais quatre ans pour rembourser un capital de 8,000 fr. à 5 pour cent; d'une autre part j'ai fait des démarches pour le réaliser dans l'intérêt de la famille Pérot;

j'emprunte à 6 et 7 pour cent ; je resserre le laps de temps ; je me gêne ; je paye un intérêt plus fort, et je fais abnégation de mon amour-propre et de mou crédit en demandant et en fournissant une bonne caution.

Ce que j'avance est positif ; j'en fournirai la preuve au besoin.

Forcément je devais m'attendre à quelque gratitude : loin delà ! on prétend au contraire , on dit même que je n'ai pas fait cette opération sans motifs et pour rien. Il serait difficile, ou , pour mieux dire, impossible de démontrer quel a pu être l'avantage que cette opération aurait pu me procurer ? j'en appelle aux esprits les plus sagaces.

Parlerai-je des démarches que j'ai faites pour mon filleul, sur l'accusation de M. Silve au bureau des Limonadiers ? Qui lui a fait avoir satisfaction, réparation, et son livret en bonne forme ? c'est encore moi. Cependant, dans cette circonstance, comme dans toutes autres , j'ai dû faire des dépenses dont je n'ai jamais été remboursé, et j'en suis pour mes frais de voitures et honoraires de mon avocat.

Que n'ai-je pas fait lorsque mon filleul était conscrit ? Aller à Nemours, obtenir du général commandant le département son classement dans la douzième qui était en garnison à Paris, le faire entrer chez le quartier-maître-trésorier, et, par la protection d'un de mes amis secrétaire à l'état-major général, le faire réformer au bout de six mois, aller plusieurs fois à Etampes pour son mariage projeté ; toutes ces courses, démarches et tant d'autres inutiles à rappeler, ne se sont pas effectuées sans dépenses, et je dois à la vérité de déclarer qu'elles ont été faites absolument par moi, à mes frais, sans la coopération d'aucun des membres de la famille Pérot.

Que fallait-il faire de plus ? mourir avant mon épouse à qui j'avais tout donné par contrat de mariage, qu'ensuite son décès ait eu lieu immédiatement après le mien : ma cousine, sa seule et unique héritière, et M. Pérot son mari, auraient été possesseurs de la fortune des deux familles, et conséquemment riches.

Mais combien grande eût été leur erreur ! La première richesse est de n'avoir pas de dettes ; or, les engagemens contractés par madame Pérot, pour éviter à son mari la prise-de-corps, auraient tout absorbé, puisque, malgré ce qui a été payé aux créanciers sur le produit des ventes, il leur reste encore dû 12,000 fr. en capital, sans parler des intérêts et des frais. Ces créanciers n'eussent pas manqué de se faire pourvoir de l'hérédité, vu que leurs droits leur sont toujours acquis : ainsi la famille Pérot n'aurait joui d'aucun de ces avantages ; et, en supposant même que cette succession eût été aussi riche qu'ils le prétendent, et qu'elle ne fût pas devenue la proie de leurs créanciers, elle aurait le sort de celle de madame Chalict sa tante, de Montargis, de celle de sa grand'mère Audebert, et de Victoire, religieuse aux Dames Carmélites de Chatillon-sur-Loing, tante de madame Pérot.

On ignore à la vérité à combien se sont portées ces trois successions.

Ce que j'ai dit des engagemens contractés par madame Pérot ne s'applique pas à ceux contractés par son mari, antérieurement à 1815, pour lesquels elle n'est point engagée.

Que ces créanciers aient eu connaissance de ce que je devais à ma cousine, au décès de ma femme, de suite ils auraient formé opposition entre mes mains, et madame Pérot n'aurait rien eu.

Blâmerait-on encore ma discrétion et ma réserve dans cette circonstance? Je devrais m'y attendre, car enfin il paraît qu'on ne sait tenir compte de ce qui est honnête et délicat.

La jeunesse est légère, inconséquente et frivole; aussi ne devais-je pas m'occuper des propos inconsidérés des enfans Pérot: cependant il est bon de les faire rentrer dans les bornes de la vérité.

Ils disent que j'ai fait *danser les écus de leur grand-mère* feu ma femme, qu'ils prétendent avoir été très-riche.

Plût-à-Dieu qu'ils eussent dit vrai, et que cette richesse eût existé ! je ne serais pas obligé d'analyser cette prétendue fortune pour répondre à leurs petits propos calomnieux.

Par acte passé pardevant Me Petit-Blondeau Ardilly, M. et madame Pérot devaient à ma femme une rente de 600 fr. provenant du mobilier qu'elle leur laissa, et du remboursement qu'elle a fait pour sa fille des rentes d'un capital de 5,000 fr. environ, qui étaient dues sur la maison nouvellement construite sur un terrain appartenant au père de madame Pérot. Cette maison lui est revenue en totalité ; et, quoique bâtie pendant la communauté avec les deniers de ma femme, héritière de ses parens en qualité de fille unique de Martial Jarinet, son père, et mon oncle ancien régisseur et fermier de l'abbaye de Saint-Sevrin, à Château-Landon ; ma femme en perdit la moitié.

Ici on ne niera pas qu'elle ait contribué par sa bourse, par son travail et par ses soins à l'édification de cette maison. Sa vertu, que ne méconnaissent pas ses héritiers, m'est un sûr garant qu'on ne détruira pas ce que j'avance.

Ma femme était donc riche de 600 francs de rente sur lesquels on faisait la retenue du cinquième ; reste donc, pour le revenu de Souppes. . . . . . . .480 f.

480

Report de l'autre part. . . . .   480 f.

La maison paternelle à Château-
Landon était louée à M. Petit, bou-   f.
langer.   200

Le fermage des terres tenues par le
père Gougou était de 60 fr. par an, ou
60 boisseaux de seigle, ci.   60

Jansin tenait les prés pour.   40

> 3oo f.

TOTAL.   780

Sur lesquels il faut déduire les impositions à
notre charge, et les réparations estimées, année commune, à.   150

RESTE.   630

Madame Parcellier servait une rente
viagère aux dames Lacotte, de Fontainebleau, et Beauregard, de 3oo

Elle devait 1,200 fr. en capital à
M. Chaillet, son oncle, à Montargis,
ci , pour intérêts..   60

A M. Thévenot, greffier à Melun. .   60

> 420

RESTE.   210

J'ai servi la rente viagère pendant 34 ans.

En calculant rigoureusement le revenu de ma femme,

il serait encore susceptible de réduction ; mais elle et moi étions riches par notre travail, par quelques talens, par l'ordre et l'économie.

M. Pérot n'ignore pas qu'après le bail de Petit, j'ai loué à Lami cent francs de plus par an ; que pendant ce dernier bail j'ai eu toute sorte d'ennui, que la moitié du fournil tomba, que l'autre moitié fut démolie par les ordres de la commune, et qu'enfin, je le fis refaire par les soins de M. Chantrier, maire à Souppes, moyennant 900 fr.

L'année suivante, ce fut le pignon de l'écurie qui tomba et une grande partie des murailles du jardin : privation de loyer.

Je ne puis passer sous silence que, dans l'année de disette, Madame Pérot a eu la bonté de nous envoyer du pain lorsqu'elle pouvait s'en procurer ; à cette époque le père Gougou ne pouvait me payer les 60 boisseaux qu'il me devait ; je ne lui fis aucune peine : mais, l'année suivante, il remit, d'après mes ordres, à Madame Pérot, 120 boisseaux de seigle première qualité, et je la priai de les accepter en reconnaissance de cent et quelques livres de pain qu'elle m'avait envoyées dans cette malheureuse année.

J'aurais pu entrer dans des détails encore plus fastidieux, et ajouter à ceux ci-dessus, soit en rappelant qu'il m'est dû 2,176 fr. 55 c. depuis le premier mai 1815, pour inté- rêts du capital que me devaient M. et madame Pérot, et que je n'ai jamais réclamés, ainsi que la portion héréditaire de 2,500 fr. de mon frère à Nancy qui m'est advenue en 1811, (elle a été fondue dans la communauté) soit en ajoutant aux frais et actes de ma générosité ; mais ce précis a ses bornes, et quels que soient les torts qu'on a eus à mon égard, en se méprenant sur mon cœur et mes intentions, la famille Pérot trouvera toujours en moi un ami, un protecteur ; et, s'il arrivait qu'elle fût malheureusement obligée de chercher un bienfaiteur, je l'engage à ne pas le trouver ailleurs que chez moi ; je serai toujours tel qu'elle m'a connu, heureux de lui être agréable.

Imprimerie d'A. BÉRAUD, rue du Foin-Saint-Jacques, n. 9.